श्री श्री लक्ष्मी देवीर
व्रत कथा ओ पंचाली

प्रकाशक - डिवाइनभारत
चित्रांकन - सुजाता साहा

श्री श्री लक्ष्मी देवीर व्रत कथा ओ पंचाली

सर्वाधिकार सुरक्षित। श्री श्री लक्ष्मी देवीर व्रत कथा ओ पंचाली के किसी भी भाग का पुनरुत्पादन, वितरण, या प्रसारण किसी भी रूप में या किसी भी माध्यम से, जैसे कि फोटोकॉपी, रिकॉर्डिंग, या अन्य इलेक्ट्रॉनिक या यांत्रिक विधियों के माध्यम से, प्रकाशक की पूर्व लिखित अनुमति के बिना नहीं किया जा सकता है, सिवाय आलोचनात्मक समीक्षाओं और कुछ अन्य गैर-व्यावसायिक उपयोगों के मामले में जो कॉपीराइट कानून द्वारा अनुमत हैं। अनुमति के लिए, कृपया प्रकाशक को लिखें।

अनुमति के लिए संपर्क करें:
info.divinebharat@gmail.com
आईएसबीएन: 978-93-343-1564-6
कॉपीराइट © 2024 डिवाइनभारत
हमसे संपर्क करें:
https://www.divinebharat.co

अनुक्रमणिका

भूमिका

श्री श्री लक्ष्मी देवीर आवाहन:

श्री श्री लक्ष्मी देवीर स्तुति

श्री श्री लक्ष्मी देवीर ध्यान मंत्र

श्री लक्ष्मी स्तोत्रम्

श्री श्री लक्ष्मी देवीर प्रणाम मंत्र

श्री श्री लक्ष्मी देवीर गायत्री मंत्र

श्री लक्ष्मी देवीर पुष्पांजलि मंत्र

श्री श्री लक्ष्मी देवीर व्रत कथा और पंचाली

श्री श्री लक्ष्मीदेवीर बरोमासा

गणेश बंदना

श्री श्री लक्ष्मी देवीर बोरोन

पूजा की आवश्यकताएँ और प्रक्रिया

शब्दावली

भूमिका

भारत में धन की देवी माँ लक्ष्मी लगभग हर समुदाय द्वारा पूजी जाती हैं। लक्ष्मी, देवी दुर्गा की चार संतानों में से एक हैं। दुर्गा पूजा के तुरंत बाद, सामान्यतः पूर्णिमा की रात को उनकी पूजा की जाती है। हालांकि कई समुदायों में लक्ष्मी पूजा दीवाली के समय भी की जाती है। कोजागरी लक्ष्मी पूजा सामान्यतः घरों में की जाती है, हालांकि कुछ समुदाय इसे छोटे पंडालों में सामूहिक रूप से भी आयोजित करते हैं। बंगाल के अधिकांश घरों में रोज़ लक्ष्मी की पूजा की जाती है। हर सुबह उनकी मूर्ति या चित्र को कपड़े से साफ़ किया जाता है, ताजे फूल चढ़ाए जाते हैं, और उन्हें बताशा (चीनी या गुड़ से बनी सूखी मिठाई) तथा एक गिलास पानी अर्पित किया जाता है। यही अर्पण शाम को भी दोहराया जाता है, जिसमें दीपक और अगरबत्ती जलाकर शंखध्वनि की जाती है।

गुरुवार का दिन लक्ष्मी के लिए विशेष माना जाता है। इस दिन घर की अलमारियाँ साफ़ की जाती हैं, और घट (एक छोटा जल पात्र) में ताजा पानी और आम की पाँच पत्तियाँ रखी जाती हैं। देवी को मिठाइयाँ और फल अर्पित किए जाते हैं, और एक पंचाली-गद्य और पद्य में देवी की स्तुति लयबद्ध स्वर में पढ़ी जाती है।

कोजागरी लक्ष्मी पूजा विशेष रूप से महत्वपूर्ण मानी जाती है और यह दुर्गा पूजा के कुछ दिन बाद पूर्णिमा की रात को मनाई जाती है। "कोजागरी" शब्द संस्कृत के "के जागरि" से आया है, जिसका अर्थ है—"कौन जाग रहा है?" मान्यता है कि इस रात देवी लक्ष्मी पृथ्वी पर भ्रमण करती हैं और जो लोग जागकर भक्ति में लीन रहते हैं, उन्हें वह समृद्धि और सौभाग्य का आशीर्वाद देती हैं।

पश्चिम बंगाल में, अमीर और साधारण सभी परिवार कोजागरी लक्ष्मी पूजा को अपनी सामर्थ्य के अनुसार मनाते हैं। इस दिन का व्रत कठोर होता है—भक्त आम तौर पर शाम तक कुछ नहीं खाते, हालांकि आजकल कुछ लोग चाय पीते हैं।

पूजा की रीतियाँ परिवार के अनुसार अलग-अलग होती हैं। अधिकतर घरों में घर की महिला ही पूजा करती हैं, पर कुछ घरों में पंडित को भी बुलाया जाता है। इस पूजा की एक विशेष बात है, अल्पना बनाना। चावल के घोल से फर्श पर सुंदर चित्र बनाए जाते हैं, जिनमें लक्ष्मी माता के पगचिह्न प्रमुख होते हैं, जो उनके घर में आगमन और निवास का प्रतीक होते हैं। दीपक और अगरबत्तियाँ जलाई जाती हैं।

इस दिन पूजा के लिए घट को ताजा पानी और आम की टहनी से नवीनीकृत किया जाता है। देवी को फल और

मिठाइयाँ अर्पित की जाती हैं, जिनमें नारियल के लड्डू (नारू) और मुरी से बनी मिठाइयाँ शामिल होती हैं। ये प्रसाद विशेष पवित्रता और ध्यानपूर्वक बनाए जाते हैं, और अक्सर पूजा के लिए अलग बर्तनों का उपयोग होता है।

इस दिन नारायण, जो देवी लक्ष्मी के पति माने जाते हैं, की भी पूजा होती है। उनके लिए सिन्नी नामक प्रसाद बनाया जाता है—जिसमें आटा, कच्चा दूध, केले, चीनी, और ऊपर से सूखे मेवे मिलाए जाते हैं। भीगे हुए चावल में केला और चीनी मिलाकर भी अर्पण किया जाता है।

कुछ परिवारों में नमकीन भोग भी दिया जाता है, जिसमें खिचड़ी, मिक्स सब्ज़ी (लाबड़ा), तली हुई सब्ज़ियाँ, और पायेश (चावल की खीर) बनाई जाती है। ये सभी व्यंजन विशेष पवित्रता के साथ तैयार किए जाते हैं।

लक्ष्मी पंचाली एक पवित्र धार्मिक पुस्तक है। इसे भक्तजन श्रद्धा और भक्ति के साथ पढ़ते हैं, क्योंकि यह धन, सुख, और समृद्धि की देवी लक्ष्मी की महिमा का वर्णन करता है। लक्ष्मी पंचाली का पाठ घर में सकारात्मक ऊर्जा और खुशहाली का संचार करता है।

चांदमाला
लक्ष्मी मूर्ति
माला
सिंदूर
आल्ता
धान
वस्त्र
दीप
पान
सुपारी
सिंदूर दाना
कौड़ी
धान
धूप
पान पत्ता
केला
दही
जल
आम पल्लव
दूध
लाडू
धनुची
घट
स्वस्तिक
नैवेद्य
फल
मिठाई
खोई
कोदमा
आलपना
आसन

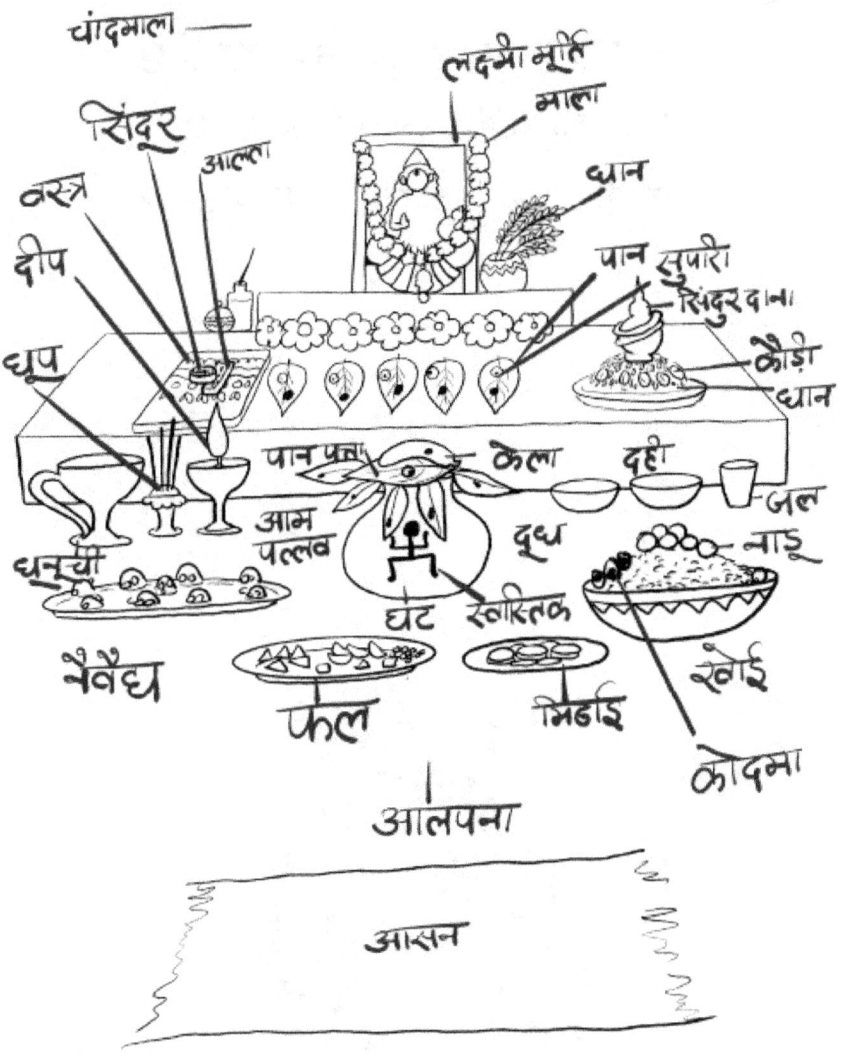

श्री श्री लक्ष्मी देवीर आवाहन

ॐ लक्ष्मी देवी
इहगच्छ इहगच्छ इह तिष्ठ इह तिष्ठ
इह सन्निधेहि इह सन्निरुद्धोष्य
अत्राधिष्ठान कुरु मम पूजनं गृहाण

श्री लक्ष्मी स्तोत्रम्

त्रैलोक्य पूजिते देवी कमले विष्णुबल्लभे।
यथा त्वं स्थिर कृष्णे तथा भावमयी स्थिरा।
ईश्वरि कमला लक्ष्मी चल भूतिः हरिप्रिय।
पद्म पद्मालय सम्पदा सृष्टि श्रीपद्मधारिणी।
द्वादशैतानि नामानि लक्ष्मीं संपूज्य यः पठेत।
स्थिर लक्ष्मीर्भवेत तस्य पुत्रदारार्दितिः सः।

(3 बार पाठ करें)

श्री श्री लक्ष्मी देवीर स्तुति

लक्ष्मीस्तं सर्वदेवानां यथासंभव नित्यसः
स्थिरभाव तथा देवी मम जन्मनि जन्मनि।
वन्दे विष्णुप्रियं देवी दरिद्र्य दुःखनाशिनी,
क्षीरोद संभवम् देवी विष्णुवक्ष-विलासिनी।

श्री श्री लक्ष्मी देवीर ध्यान मंत्र

ॐ पाशक्षमालिकं भ्योऽज श्रीनिभिर् श्याम्य सौम्यः।
पद्मासनस्थां धायेद् च श्रीं त्रैलोक्य मातरं।
गौर वर्णा सुरूपां च सर्वालंकार भूषिताम्,
रौक्मो पद्म व्याघ्रकरां वरदां दक्षिणेन तु।

श्री श्री लक्ष्मी देवीर प्रणाम मंत्र

ॐ विश्वरूपस्य भार्यासी पद्मे पद्मालये शुभे,
सर्वतः पाहिमाम देवी महालक्ष्मी नमोऽहस्तुते।

श्री श्री लक्ष्मी देवीर गायत्री मंत्र

ॐ श्री महालक्ष्म्यै च विद्महे
विष्णुपत्न्यै च धीमहि
तन्नो लक्ष्मी प्रचोदयात।

श्री श्री लक्ष्मी देवीर पुष्पांजलि मंत्र

नमस्ते सर्वदेवानां वरदासी हरिप्रिये,
या गतिस्त्वं प्रपन्नानां
स्वमे भूयात तव अर्चनात

[फूल, बेल पत्र और चंदन को हाथ में पकड़ें। मंत्र का पाठ 3 बार करें और देवी को अर्पित करें। पुष्पांजलि मंत्र संपूर्ण पूजा अंत में करें।]

श्री श्री लक्ष्मी देवीर व्रत कथा और पंचाली

नारायणं नमस्कृत्य नरं चैव नरोत्तमम्।

देवीं सरस्वतीं चैव व्यासं ततो जयम् उदीरयेत्॥

वन्दे विष्णु प्रियां देवीं दारिद्र्य दुःख नाशिनीम्।

क्षीरापुत्रीं केशव कान्तां विष्णु वक्षः विलासिनीम्॥

दोल पूर्णिमा निशि निर्मल आकाश।
मंद मंद बोहितेचे मलयाबाताश।
लक्ष्मी देवी बामे करी बोसी नारायण।
कोहितेचे नाना कथा सुखे आलापोन।
हेनोकाले विनाजनत्रै हरि गुणोगान।
उपनिता होयिलेन नारद धिमान।
धीरे धीरे उभापोदे कोरिय प्रणोति।
अतःपर कोहिलेन लक्ष्मी देवी प्रति।
सुनो गो मां नारायणी चलो मार्त्यपुरे।
तबो आचरने दुख पाइनु अंतरें।
तबो कृपा बंचिता होइया नरोनारी।

भुगिचे दुर्गति कतो बर्णिबारे नारी।
सोतोतो कुकर्मो रतो रोहिया ताहरा
दुर्बिक्ष अकाल मृत्यु रोगे शोक शारा।
अन्नाभाबे शिरनोकाय रोगे मृत प्राय।
आत्महत्या केहो बा कोरिछे ठेके दाय।
केहो केहो प्राणाधिक पुत्र कन्या शोबे।
बचे खाय हाय हाय अन्नेरो अभाबे।
अन्नपूर्णा अन्नरुपा त्रिलोक जननी।
बोलो देवी, तबु केनो हाहाकार सुनि।
केनो लोके लक्ष्मीहीन सम्पद अभाबे।
केनो लोके लक्ष्मीछारा कुकर्मो प्रभावे।
सुनिया नारदबाक्यो लक्ष्मी ठाकुरानी।
सघनो निह्सासो ताजी कोहे मृदुबानी।
सत्यो बच्छा, इहा बरो दुःखेर विषय।
कारणो इहार जाहा सुनो समुदोय।
अमी लक्ष्मी करो तोरे नाहीं करी रोश।
मृत्यबाशी कष्ट पाय निजो कर्मदोष।
मोजाइले अनाचारे समस्त संसार।
केमने थकिबो आमी बोलो निरविकार।

काम क्रोध लोभ मोह मद अहंकार।
आलस्य कोलाहल मिथ्या घिरीचे संसार।
ताहते होइया आमी घोर जलातोन।
होइचि चंचला ताइ ओहे बाचाधोन।
परिपूर्ण हिंसा द्वेष तादेर हृदय।
पोरोश्री हेरिया चित्त कलुषित मय।
रशोनार तृप्ति हेतु अखाद्यो भक्षण
फले तारा हेरा ऋषि ओकाले मरण।
घोरे घोरे चलियाछे एई अभिचार।
अचल होइया रोबो केनो शे प्रकार।
एशोबो छारिया जेबा करे सदाचार।
तारी गृहे चिरोदिन बशोति आमार।
एतो सुनि ऋषिबोर बोले नारायणी।
अनाथेरो माता तुमि विघ्नो विनाशिनी।
किबा भाबे पाबे शोबे तुमा पादछाया।
तुमि ना राखिले भोक्ते के करिबे दया।
विष्णुप्रिया पद्मासना तृतापो हरिणी।
चंचला अचला हाओ पापो निवारणी।
तुमार पोदते मा मोर ए मिनोती।

दुखो नाशिबार तोबे आछे गो शक्ति।
कोहो देवी, दया कोरे इहारो विधान।
दुर्गति हेरिया शोबे कांदे मोर प्राण।
देवर्षि बाक्यो सुनि कमला उतला।
तहारो आशिष दाने बिदाय कोरिला।
जीबेर दुखो हेरी कांदे मात्री प्राण।
आमी आसु कोरिबो गो इहारो विधान।
नारदो चोलिया गेले देवी भाबे मने।
एतो दुखो एतो ताप घुचाबो केमोने।
तुमि मोरे उपदेश दाओ नारायण।
जाहाते नरेर होये दुखो विमोचन।
लक्ष्मीबाणी सुनि प्रभु कोहेन उत्तर।
व्यथिता की हेतु प्रिय, बिकोलो अंतर।
जाहा बोली सुनो सोत्ति बोचनो आमार।
मार्त्यलोकै लक्ष्मीव्रतो करोहो प्रचार।
गुरुबारे संध्या काले जतो नारीगोन
पूजा कोरी व्रतकथा कोरिबे श्रवण।
धन धान्य जश मान बारिबे शोबार।
अशांति घुचिया होबे सुखेरो संसार।

नारायनो बाक्ये लक्ष्मी हरोशो मोनेते।
व्रतो प्रचारणे जान तोरितो मोर्तेते।
उपनितो होन देवी ओबंती नगरे।
तथाय हेरेन जाहा स्तंभित अंतरे।
धनेश्वर राय होय नगरो प्रधान।
अतुल ऐश्वर्य तार कुबेरो समान।
हिंसा द्वेष बिजारितो सोनारो संसार।
निर्विचारे पलियाछे पुत्रो परिवार।
एकन्नोते सप्तपुत्र राखि धनेश्वर।
अवसान नरो जन्म जान लोकांतर।
पत्नीर कुचक्रे परी शप्त सोहदर।
पृथग्गण होलो शोबे अल्पो दिन पर।
हिंसा द्वेषो लक्ष्मी त्याजे जतो किछु होय।
एके एके आसी शोबे गृहे प्रवेशोय।
एशब देखिया लक्ष्मी अति क्रुद्ध होलो।
अविलंबे सेई गृह त्याजिया चलिलो।
बृद्ध रानी मोरे हाये निजो कर्म दोषे।
पुरिते तिष्ठिते नरे बोधुदेर रोषे।
प्राण ताजिते जान नीबिर कानने।

चलिते अशक्त बृद्धा अश्रु दू नयने।
छद्मवेषे लक्ष्मीदेबी आसी हेनो काले।
उपनितो होन शे घोर जंगले।
सदयो कमला तोबे जिज्ञासे बृद्धारे।
कीबा हेतु उपनितो ए घोर कांतारे।
लक्ष्मीबक्ये बृद्धा कोहे सुनो ओगो माता।
मंदो भाग्यो गतिहीन कोरेचे विधाता।
धनवान छिलो पिता मोर पति आर।
लक्ष्मी बंधा अंगनेते शततो आमार।
सोनार संसार मोर छिलो चारिभीते।
पुत्रो पुत्रबधू छिलो अमारे सेविते।
पति होलो स्वर्गवासी सुख ऐश्वर्य जतो।
एके एके जाहा किछु होलो तिरोहितों।
भिन्नो भिन्नो हारी शोब होयेचे एखोन।
अबिरतो बधू जतों कोरे जलातोन।
असह्य होयेचे एबे तादेर जंत्रोना।
एजीबन बिसर्जिते कोरेछी बाशोना।
बृद्धा बक्ये नारायणी कोहेन तोखोन।
आत्महत्या महापाप शास्त्रेरो विधान।

फिरे जाओ घोरे तुमी कोरों लक्षीव्रतो।
शर्बो दुःखो बिमोचितो पाबे सुख जतो।
गुरुवार संध्या काले बधू गणेर साथे।
लक्ष्मीव्रतो करो शोबे हर्षितो मनेते
पूर्णो घोटे दीबे सिन्दूरेरो फोटा।
आम्रशाखा दीबे ताते लोये एक गोटा।

गुआपन दीबे ताते आसनो शाजाय।
सिन्दूर गुलिया दीबे भक्तीयुक्तो होये।
धूप दीप जालायिया सेई स्थाने दीबे।
दुर्वा लोये हाथे शोबे कथा शुनिबे।
लक्ष्मी मूर्ति मानसते कोरिबे को ध्यान।
व्रतो कथा श्रवणिबे शान्तो कोरे प्राण।
कथा अंते भक्तिभरे प्रणाम कोरिबे।
तत्पर एयो गण सिन्दूर पोराबे।
प्रति गुरुवारे पूजा जे रमणी कोरे।
निष्पाप होइबे शे कोमलार बरे।
बारो मास पूजा होय जे गृहेते
अचल थाके लक्ष्मी सेई जे स्थानेते।
पूर्णिमा उदय होय जोदि गुरुवारे।
जे नारी एई व्रतो कोरे ओनाहारे।
कोमला बाशोना तार पुरोन ओचिरे।
महासुखे थाके सेई पुत्रो परिवार।
लक्ष्मी घोट एक स्थापिया गृहेते।
तंडुल राखिबे दिन मुठो प्रमाणे।
एई रूपे नित्य जेबा संशय कोरिबे।

असमय उपकार ताहारो होइबे।
सेथाय प्रशन्नो देवी कोहिलाम शार।
जाओ गृहे फेरि करो लक्ष्मीरो प्रचार।
कथा शेष कोरे देवी निजो मूर्ति धरे।
वृद्धारो दिलेन देखा अति कृपा भरे।
लक्ष्मी हेरि वृद्धा आनंदे विभोर।
भूमिते प्रणाम कोरे आकुल अंतर।
व्रतो प्रचारीया देवी अदृश्य होइलो।
आनंद हिलोल भेषे वृद्धा घोरे गेलो।
गृहे आसी वृद्धा बर्णना करिलो।
जे रूपेते बोनो माझे देवीरे हेरीलो।
व्रतो पद्धति जाहा कोहिलो शोबारे।
नियम जा किछु लक्ष्मी बोलेछे ताहारे।
बधु गोन एक होये कोरे लक्ष्मी व्रतो।
स्वार्थो द्वेषो हिंसा जतो होइला दुरितो।
व्रताफले एक होलो शप्त सहोदर।
दुखो कष्टो घुचे जाए अभाव शतबर।
कोमला आसीया पुनः आशोन पतिलो।
लक्ष्मी हिना सेई गृहे लक्ष्मी अधिष्ठिलो।

गरीब ब्राह्मणीर उपाख्यान

दैवयोगे एक दिन वृद्धारो गृहे।
आसिलो जे एक नारी व्रतेर समय।
लक्ष्मी कथा सुनी मन भक्तित्ते पुरिलो।
लक्ष्मी व्रत कोरिबे से मानतो कोरिलो।
कुष्ठ रोगे ग्रस्तो पति भिक्षा कोरी खाय।
तहार आरोग्य आशे पूजी कोमलाय।
भक्ति भरे एयो लोय जाई पूजा कोरे।
कोमलार बोरे सब दुखो गेलो दूरे।
पति आरोग्य होलो जन्मिलो तनोय।
ऐश्वर्ये पुरिलो तार शान्तिर अलोय।
लक्ष्मी व्रत एई रूपे प्रति घोरे घोरे
प्रचारित होलो जे अबन्ति नोगरे।

सौदागोरेर उपाख्यान

अतः पर सुनो एक अपूर्व घटना।
व्रतेर महत्ता किशे होय प्रचारण।
एक दिन गुरुबारे अबन्ति नगरे।

मिली शोबे एयोगोन लक्ष्मीव्रतो कोरे।
श्रीनगर बासी एक बानिको नंदन।
दैबजोगे सेई देशे उपनितो होन।
लक्ष्मी पूजा हेरि कोहे बानिको तनोय।
कोहे ए की पूजा करो कीबा फोलो होय।
बानिकोरे कथा सुनी बोले नारिगण।
लक्ष्मी व्रत इहा इथे मानसो पुरोन।
भक्ति भरे जेई नोर लक्ष्मी व्रत करे।
मोनेर आशा तार पुरिबे अचिरे।
शोदागोर ई सुनी बोले अहंकारे।
अभागी जोनेते है पूजा हे उहारे।
धन जनो सुख जतो शब आछे मोर।
भोगेते शोदाई आमि रोई निरन्तर।
भाग्ये ना थाकिले लक्ष्मी दिबे कीबा धन।
एकोथा विश्वासो कोभू कोरी ना एमन।
हेनो कथा नारायणी शोहिते ना पारे।
अहंकार दोषे देवी ताजिला ताहारे।
वैभवते पूर्ण तोरी बानिज्येते गेले।
डुबिलो बानिज्यो तोरी सागरेरो जोले।

प्रसादो सम्पदो जतो छिलो तार।
बोजरेरो शोंगे होलो शोब छारखार।
भिखाझुली संगे कोरी फिरे द्वारे द्वारे।
खुदार जलाय घोरे देश देशांतरे।
बानिकेर दोषा जेई मां लक्ष्मी देखिलो।
कमला करुणामयी शोकोली भूलिलो।
कौशोल कोरिया देवी दुःख घुचाबारे।
भिक्षाय पठान तारे अबन्ती नगरे।
हेरी शेथा लक्ष्मीब्रतो रोतो नारी गोन।
बिपद कारण तारे आशिलो स्मरणे।
भक्ति भरे कोरोजोरे होये एकमन।
लक्ष्मीरो बंदना कोरे बानिको नंदन।
खेमा करो मोर मागो सर्व अपाराध।
तुमारे हेला करी जोतो परमाद।
अधमो संतानो मागो करो तुमी दया।
संतान कोरीया मोरे दाओ पोदो छाया।
जगतों जननी तुमी परमा प्रकृति।
जगत ईश्वरि तोबे पुजी नारायणी।
महालक्ष्मी माता तुमी त्रिलोक मंडले।

गृहलक्ष्मी तुमी मागो हाओ गो भूमे।
रस अधिष्ठात्री तुमी देवी रोशेश्वरी।
तबो अंशभूत जतो पृथिवीर नारी।
तुमी ही तुलसी गंगा कलुष नाशिनी।
शारदा बिजनोनो दात्री त्रितपोहारिणी।
स्तब करे एई रूपे भक्ति जुक्त मोने।
भूमते पोरीया साधु प्रणामे शेई स्थाने।
ब्रोतेरो मनोत करी निज गृह गेलो।
गृहिनिरे गृह गिया अद्यन्तो कोहिलो।
साधु कथा सुनी तोबे जोतो नारी गोन।
भक्तिभरे कोरे तारा लक्ष्मीरो पूजन।
सदाय होलेन लक्ष्मी ताहार उपरे।
पुनराय कृपादृष्टि देन सोदागोरे।
सप्ततोरी जोले होते भाशिया उठिलो।
आनंदेते शोबा अंतोर पुरिलो।
दारिद्र् अभाव दूर होलो तखन।
आबार संसार होलो शांति निकेतन।
ई रूपे ब्रोतकथा मर्त्यते प्रचार।
सोदा मोने रेखो शोबे लक्ष्मी ब्रोतो शार।

ऐई ब्रोतो जे जन कोरे एक मोने।
लक्ष्मीरो कृपाय से बरे धने जोने।
अपुत्ररो पुत्र होय निरधनरो धन।
इहालोके सुखी अन्ते बैकुंठे गमन।
लक्ष्मीरे ब्रोतेर कथा बरोई मधुर।
ओति जतने रेखो तारे आशोन उपर।
जे जोन ब्रोतेर शेशे स्तोब पाठ कोरे।
अभाव घुचिया जाय लक्ष्मी देवीर बोरे।
लक्ष्मीर पञ्चाली कथा होलो समापन।
भक्ति कोरी बरो मागो जार जाहा मोन।
सितीते सिंदूर दाओ शब ऐओमिले।
उलुधुनी करो शोबे ओति कौतूहले।
दुई हाथ जोड़ी भक्ति जुक्तो मोने।
नमस्कार करो शोबे देवीर चरणे।
प्रणामामि लक्ष्मीदेवी विष्णुरो घरोणी
खीरोदा संभव देवी तुमी नारायणी।
अगोतिर गति माता जगतो पालोनी
दयामयी तुमी माता विपद नाशिनी।
भागतो बोट्सोल्या देवी सत्य स्वरूपिणी

हरिप्रिया पद्माशोने भूभारो हारिणी।
चञ्चला कोमला माता त्रिलोक तारिणी
प्रणामामि कृपामयी माधोबो घरोनी।
भवसाधा तुमी माता कृष्णो आराधिता
पदछाया दिया तुमी कृपा करो माता।
आर किछु चाहिना माँ ऐई अभिलाश,
अंतकाले नारायणी करो ना निराश।

श्री श्री लक्ष्मीदेवीर बरोमासा

बोछोरे प्रथोम मास बोइषाख जे होय।
पूजा निते एषो ओमा आमारो अलोय।
ज्यैष्ठो मासे सोष्ठी पूजा होय घरे घरे।
एषो बोषो तुमी ओमा पूजारो बोषरे।
आषाढ़े आसीते मागो नाहि करो देरी।
पूजा हेतु राखी मोरा धन्य दुर्बा धोरी।
श्रबोनेर धारा देखो चारि धारे पोरे।
पूजिबारे ओ चरोने भेवेची ऑनतोरे।
भाद्रो मासे भरा नदि कुल बोये जाय।
कृपा करी एषो मागो जोतो सिघ्रो होय।
आषीने अम्बिका साथे पूजा आयोजन।
कोजागरी राते पुनः कोरिबो पूजा।
कार्तिके केतोकी फूल चारिधारे फोटे।
एषो मागो एषो बोषो मोर पाता घोटे।
ओघ्राने अमोन धाने माठ गेछे भोरे।
लक्ष्मी पूजा कोरी मोरा ओति जोतन कोरे।
पौष्पारबोने मागो मोनेर साधेते।
प्रति गृहे लक्ष्मी पूजी नबन्नो धानेते।

माघ मासे मोहालक्ष्मी मोहलेते रोबे।
नबोधन्यो दिया मोरा पूजा कोरी शोभे।
फाल्गुने फागेर खेला चारिधारे होय।
एषो मागो विष्णुजया पूजीगो तोमाय।
चैतरे चटक शम चाही तोबो पान।
आसिया बोषो ओमा दुःखिनीर भवन।
लक्ष्मीदेवी बारोमासा होलो समापन।
भक्तजन माता तुमि करोहि कल्याण।

गणेश बंदना

बोंदे देवो गोजाननो बिघ्नो विनाशनो।
नमः प्रभु मोहाकाय महेशो नंदनो।
शोर्बोबिघ्नो नाशो होय तुमारो शोरने।
आगरे तुमार पूजा कोरिनु जोतने।
नोमो नोमो लम्बोदारो नमः गणपति।
माता जार आद्यशक्ति देवी भागोबती।
शोर्बो देवो गोनोनाय आग्रे जार स्थान।
बिधि-बिष्णु महेशोरो आर देवगोन।
त्रिनयनी तारार बंधिनु श्रीचरण।
बेदो माता शोरोषोतीर लोईनु शरण।

श्री श्री लक्ष्मी देवीर बोरोन

तुमी माँ लक्ष्मी देवी कमल बोरोनी।
कमलो लोतीका कृपा करो नारायणी।
सजाए रखेची माँ धन्य-गुया-पान।
आसिया माँ करो घोटेते अधियस्थान।
घोटेते धूप धुना आर घृतोबाती।
हृदयो कमले ओमा करोहो बोशोती।
पद्माशोने पद्मालॉय राखी थोरे थोरे।
शंखो बादय बरोन करी तोमा चोरने।
शोबे करी लक्ष्मी पूजा ओति जोतने।
आशीष करोहो माता शब जोने।

पूजा की आवश्यकताएँ और प्रक्रिया

आसन के पास चावल के पेस्ट से अल्पना बनाई जाती है। घोट को गीली मिट्टी पर रखा जाता है, उसमें कुछ अनाज (धान) और दूर्वा डाली जाती है। घोट को पानी से भरा जाता है। घोट के अंदर दूर्वा, चावल और सुपारी रखी जा सकती है। घोट पर तेल मिलाकर सिंदूर से स्वस्तिक का निशान बनाया जाता है। आम पल्लव को घोट के ऊपर रखा जाता है। आम पल्लव, पान और सुपारी पर सिंदूर लगाया जाता है। पान और सुपारी आम पल्लव के ऊपर रखी जाती है, जिसे घोट के ऊपर रखा जाता है। बेलपत्र, फल, पान, सुपारी, हरितिका और कौरी देवी को अर्पित किए जाते हैं। घृत दीप जलाया जाता है। तंदुल (कच्चा चावल) पूजा में अर्पित किया जाता है। पूजा करने से पहले स्नान करना और शुद्ध वस्त्र पहनना चाहिए। सबसे पहले देवी की मूर्ति या चित्र को सजाए गए आसन पर रखा जाता है। फिर उन्हें पानी या गीले कपड़े से स्नान कराया जाता है। देवी को माला और फूल अर्पित किए जाते हैं। चंदन और सिंदूर देवी पर लगाया जाता है और यही भक्त के माथे और शंख पर भी लगाया जाता है। पूजा से पहले और बाद में शंख बजाया जाता है। लक्ष्मी पूजा के लिए काशा-घंटा नहीं बजाया जाता क्योंकि देवी लक्ष्मी तेज आवाज से नफरत करती हैं। दूर्वा और फूल हाथ में लेकर भक्त उल्लुधुनि के साथ पूजा शुरू कर सकते हैं।

शब्दावली

अल्पना = चावल के आटे से बनाई गई एक सजावटी डिज़ाइन।

घट = (पूर्ण-कलश, पूर्ण-कुम्भ, पूर्ण-घट) एक धातु (पीतल, तांबा, चांदी या सोना) का बर्तन है जिसका आधार बड़ा और मुंह छोटा होता है।

धान = धान। चावल जिसमें बीज का आवरण होता है।

दूर्वा = शंख घास।

सुपारी = बीटिल नट।

सिंदूर

आम पल्लव = आम की शाखा का शीर्ष, जिसमें कुछ (सामान्यतः 5) पत्ते होते हैं।

पान = बीटिल पत्ते।

बेलपत्ता (बिल्वपत्र) = बेल फल का पत्ता।

हरितिका = हरड़

घृत प्रदीप = घी का दीपक।

शुद्ध वस्त्र = प्राकृतिक रेशों जैसे कि कपास, रेशम या लिनन से बना कपड़ा।

स्नान = नहाना।

माला = हार।

चंदन = चंदन का लकड़ी।

चंद माला = शोला से बना सजावटी सामान।

शाखा = शंख से बनी चूड़ियाँ।

शंख = शंख।

अलता = महिलाओं के पैरों पर लगाने वाला लाल रंग।
काशा-घंटा = पीतल की घंटी (जो लक्ष्मी पूजा में नहीं बजाई जाती)।
उलुधोनी = बुरी नज़र से बचाने के लिए जीभ घुमाकर किया जाने वाला ध्वनि।
खोई एर मुरकी = गुड़ की चाशनी में मिला हुआ चिउड़े
नारियल नाडु = गुड़ या चीनी के साथ बनी नारियल की मिठाई।
कोदमा बताशा = बंगाली चीनी की मिठाई।
चाल मख़ा/नैवेद्य = फलों, मिठाइयों और दही के साथ मिलाया गया कच्चा चावल।

www.ingramcontent.com/pod-product-compliance
Lightning Source LLC
LaVergne TN
LVHW010421070526
838199LV00064B/5372
* 9 7 8 9 3 3 4 3 1 5 6 4 6 *